Lettres à Camondo

Edmund de Waal
au musée Nissim de Camondo

Ce livre a été publié
à l'occasion de l'exposition
« Lettres à Camondo »
présentée au musée
Nissim de Camondo,
à Paris, du 7 octobre 2021
au 15 mai 2022.

Il a été réalisé grâce au soutien
de la Galerie Max Hetzler
Berlin, Paris, Londres.

ISBN 978-2-38314-001-6
Dépôt légal : mars 2022

Lettres à Camondo

Edmund de Waal
au musée Nissim de Camondo

Photographies
Christophe Dellière

Les Arts Décoratifs

Inviting a contemporary artist into a museum of classical art is an obvious choice. But when it is the Musée Nissim de Camondo, an invitation of this type may seem, with good reason, less obvious. The spirit of the place is intensely paradoxical: once the home of a family decimated by the events of history, from the Great War to the absolute horror of the Holocaust, it was also the home of one of the most enlightened collectors of his time and remains a homage to the eighteenth-century art. When he donated his house and collection, Count Moïse de Camondo undoubtedly had no idea that in addition to dedicating it to the history of art, he was also setting the stage for it to become a place of remembrance.

Opening the museum to contemporary art is a singular challenge, and Edmund de Waal has risen to meet it. Exhibited in the most outstanding museums in the world, from the Victoria & Albert Museum to Waddesdon Manor, Edmund de Waal's work draws upon his inexhaustible curiosity for the Song dynasty of China, the Edo-period of Japan, and the spirit of the Bauhaus. An acclaimed writer, he has delighted millions of readers with the beauty of the pages that he dedicated to his family history in *The Hare with Amber Eyes* (2010), which follows his Ephrussi ancestors from Vienna's Ringstrasse to Manet's Paris. A citizen of the world, he has never ceased to present this history as a lesson in life for all to see, as in Venice in 2019, with his *library of exile*, 2,000 books that were later donated to the library of the University of Mosul in Iraq, as it arose from its ashes.

Between his latest book, *Letters to Camondo* (2021), and this exhibition, Edmund de Waal still weaves the links that connect his life with the lives of others: a sensitive, *inframince* exhibition that inhabits the interstices of the residence, even in its inaccessible spaces, like the beating heart that we feel and hear but cannot see.

Olivier Gabet, *Director of the Musée Nissim de Camondo and the Musée des Arts Décoratifs*

Convier un artiste contemporain dans un musée d'art classique forme une évidence. Quand il s'agit du musée Nissim de Camondo, une invitation de ce type peut sembler, à bon droit, moins évidente. L'esprit y est intensément paradoxal : maison d'une famille que l'Histoire a décimée, de la Grande Guerre à l'horreur absolue de la Shoah, elle est aussi la demeure d'un collectionneur parmi les plus éclairés de son temps, un hommage à l'art du XVIIIe siècle. En l'offrant, le comte Moïse de Camondo ne savait sans doute pas qu'en plus d'inscrire ce lieu dans l'histoire de l'art il le destinait à devenir un lieu de mémoire.

Aussi ouvrir le musée à la création contemporaine est-il une gageure singulière, et c'est à Edmund de Waal qu'il revient de le faire. Exposé dans les musées les plus remarquables du monde, du Victoria & Albert Museum à Waddesdon Manor, Edmund de Waal tire son œuvre de céramiste d'une curiosité inépuisable pour la Chine des Song, le Japon d'Edo ou l'esprit du Bauhaus. Écrivain émérite, il a donné à lire à des millions de lecteurs la beauté des pages qu'il a consacrées à son histoire familiale, *Le Lièvre aux yeux d'ambre* (2010), à la recherche de ses ancêtres Ephrussi entre la Vienne du Ring et le Paris de Manet. Citoyen du monde, il n'a jamais cessé de porter cette histoire comme une leçon de vie à l'usage de tous, notamment à Venise en 2019, avec sa *Bibliothèque de l'exil* et ses 2000 livres offerts ensuite à la bibliothèque de l'Université de Mossoul, en Irak, renaissant de ses cendres.

Entre ses *Lettres à Camondo* (2021) et cette exposition, Edmund de Waal tisse encore les liens qui unissent toutes ces vies et celles des siens : exposition sensible, inframince, qui se pose dans les interstices de la demeure jusque dans les endroits inaccessibles, comme le cœur battant que l'on sent, que l'on entend, mais que l'on ne voit pas.

Olivier Gabet, *directeur du musée Nissim de Camondo et du musée des Arts décoratifs*

This is a street I know well. This beautiful hill of golden houses on the edge of the Parc Monceau is a street of beginnings, a place for families to settle and start to become French. The stories are lambent and they are fissile and they break your heart.

The Musée Nissim de Camondo has been in my life for a long time. The Ephrussi family moved to the Rue de Monceau from Odessa at the same time as the Camondo arrived from Constantinople, two clans living ten houses away from each other. I haunted this street when researching the history of the collection of Japanese netsuke I had inherited, bought by Charles Ephrussi in the 1870s for his apartment. I knew that my grandmother visited her Camondo cousins when living in Paris in the 1920s. I knew the story. I could not keep away. So to receive an invitation to make an exhibition here in this family house was an honour mixed with anxiety. It is not simple. It should never be straightforward to bring anything new into a place that is so storied. Here is a tremor of trespass. Where is off-limits? This house is not an empty house.

It is far from empty. In his will, Moïse de Camondo writes that he doesn't want anyone to move anything. *Don't lend things. Keep the blinds down, keep the dust away, don't add objects to these collections.* The rooms are a work of art in themselves, a place of memory for his father and for his son, killed in the First World War. This gift to France was Moïse's way of reaching into the future through the careful calibration of objects and spaces, his vision of a perfect eighteenth-century collection of French art. It was to act as a memorial, a reflection of the binding ties between his family and their love of France. It did not protect them. It has become, in its turn, a memorial to Moïse's daughter, Béatrice, her husband, Léon, and their two children, Fanny and Bertrand, murdered in Auschwitz.

I listen to Moïse. I listen to the house. It is a house of sounds from the kitchens, the butler's pantry, the library. And then I go to my studio and start to make things out of porcelain and gold and stone. I think of where I can place them so that they gently amplify some of the echoes of the house, hold some of the silences. I think that it is possible to be here, briefly. I think it is possible not to move

C'est une rue que je connais bien. Cette belle colline de demeures dorées en lisière du parc Monceau est le lieu des commencements, un endroit où s'établissent des familles qui deviennent françaises. Les histoires sont chatoyantes, fissiles et vous brisent le cœur.

Le musée Nissim de Camondo est entré dans ma vie il y a longtemps. La famille Ephrussi a quitté Odessa pour s'installer rue de Monceau en même temps que les Camondo arrivaient de Constantinople ; les deux clans vivaient à dix numéros seulement l'un de l'autre. J'ai beaucoup fréquenté cette rue lorsque j'ai voulu retracer l'histoire de la collection de netsukes japonais dont j'avais hérité, collection assemblée dans les années 1870 par Charles Ephrussi. Je savais que ma grand-mère avait rendu visite à ses cousins Camondo lorsqu'elle vivait à Paris dans les années 1920. Je connaissais l'histoire. Impossible de m'en détacher. L'invitation à réaliser une exposition ici même, dans cette demeure familiale, représentait donc un honneur qui s'ombrait d'anxiété. Ce n'est pas simple. On ne devrait jamais abruptement apporter du neuf dans un lieu si imprégné d'histoire. Un frisson d'intrusion. Où sont les limites à ne pas franchir ? Ce n'est pas une maison vide.

Elle est loin d'être vide. Dans son testament, Moïse de Camondo a stipulé qu'il voulait que rien ne soit déplacé. *Ne prêtez pas les objets. Gardez les volets fermés, ne laissez pas la poussière s'installer, n'ajoutez pas à ces collections.* Les pièces forment en elles-mêmes une œuvre d'art, un lieu de mémoire pour son père et pour son fils, mort en service commandé pendant la Première Guerre mondiale. Ce don à la France était pour Moïse une manière de se projeter dans l'avenir en léguant sa vision d'une collection idéale d'art français du XVIIIe siècle, aussi méditée dans le choix des objets que dans leur disposition. Ce legs devait agir comme un mémorial, un rappel des liens qui unissaient sa famille à la France, un rappel de l'amour qu'elle lui portait. Il ne protégea pas sa famille. Il est devenu un mémorial pour sa fille Béatrice, son mari Léon et leurs deux enfants, Fanny et Bertrand, assassinés à Auschwitz.

J'écoute Moïse. J'écoute la demeure. Elle bruit de la rumeur des cuisines, de l'office du chef, de la bibliothèque. Puis je me rends dans mon atelier où je commence quelques réalisations en travaillant

things, but to add. For this is a house of archives, of things cared for and put away. In the attics you open one door of a cupboard and it is full of light fittings, another and it has Louis Vuitton luggage. One room is full of gilded chairs. Béatrice's dressing room has furniture shrouded with dust sheets.

In my studio I write to Moïse about collecting, about being Jewish, about food and dogs and Proust and family and belonging. And mourning. Some of my letters are long and questioning, others are simply a few lines long. I write to him and he becomes a friend. He does not write back. The letters multiply until there are fifty-eight *Lettres à Camondo*. It becomes a book.

And I continue to write some of my lists into porcelain, making small tiles that are so thin they are translucent. I make some tiles that hold the double C cipher of the Camondo family. Some are gilded. Some have broken edges, the knocked-about quality of texts found in folders and envelopes, cupboards and archives. I shuffle these porcelain fragments. I stack them onto pieces of oak, or place them in simple oak vitrines, structures to contain them. And then place them on the desks where Moïse wrote to friends and dealers, the desks of the chef and the butler where they wrote their lists, their orders to the tradespeople. I want to add another layer to the archive. I decide that Moïse needs another desk. He had plenty of desks. In most rooms there is a place to sit and write. My desk is in the form of a letter, words written into porcelain brushed over gold leaf. I write *I find this difficult*. It is a form of palimpsest, a writing of one text across another.

I put some shards into a fragile porcelain box and then place it in the drawer of the beautiful Sèvres table in the Grand Salon. I call it *la maladie de porcelaine*. More shards are held in a few bowls in the Cabinet des Porcelaines to keep Buffon's beautiful birds decorating the Sèvres services company. There are some bowls stacked in the butler's pantry because this is where the careful passage of objects is focussed.

I make five black vitrines and put torn pieces of lead alongside porcelain shards in them. These are fragments shored against the ruins. These are stelae for the family, for Nissim, Béatrice, Léon, Fanny and Bertrand. They are i.m., *in memoriam*.

la porcelaine, l'or, la pierre. Je pense à l'endroit où je pourrais les disposer pour qu'elles amplifient sans heurt certains des échos de l'hôtel, je recueille certains des silences. Je pense qu'il est possible d'être là, brièvement. Je pense qu'il est possible de ne pas déplacer les choses, mais d'ajouter. Car c'est une demeure d'archives, de choses appréciées puis remisées. À l'étage des combles, on ouvre la porte d'un placard et on le découvre empli de luminaires, un autre et c'est une malle Vuitton. Une pièce est pleine de chaises dorées. Des draps recouvrent les meubles de l'habillage de Béatrice.

Dans mon atelier, j'écris à Moïse sur la collection, sur la judéité, sur la cuisine et les chiens, sur Proust, la famille et les liens d'appartenance. Et sur le deuil. Certaines de mes lettres sont longues et questionneuses, d'autres se bornent à quelques lignes. Je lui écris et il devient un ami. Il ne m'écrit pas en retour. Les lettres se multiplient jusqu'à composer un livre, *Lettres à Camondo*, qui en contient cinquante-huit.

Et je continue d'écrire certaines de mes listes en porcelaine, confectionnant des petites plaques si minces qu'elles sont translucides. Certaines portent le chiffre des Camondo, deux C entrelacés. Certaines sont dorées. Certaines ont les bords ébréchés, à l'image des textes un peu malmenés découverts dans les registres et les enveloppes, les placards et les archives. Je mélange ces fragments. Je les dispose sur des socles de chêne ou dans des vitrines aux montants de chêne, des structures simples pour les accueillir. Je les place ensuite sur les secrétaires où Moïse écrivait à ses amis et aux marchands d'art, sur les bureaux où le chef et le maître d'hôtel composaient leurs listes, leurs commandes aux fournisseurs. Je veux ajouter une nouvelle couche aux archives. Je décide que Moïse a besoin d'un nouveau secrétaire. Il en possédait quantité. La plupart des pièces abritent un endroit pour s'asseoir et écrire. Ma table pour Moïse revêt la forme d'une lettre, de mots écrits en porcelaine appliqués sur la feuille d'or. J'inscris : « *I find this difficult.* » C'est une forme de palimpseste, le recouvrement d'un texte par un autre.

Je glisse quelques tessons de porcelaine dans un tiroir du superbe bonheur-du-jour orné de plaques de Sèvres du grand salon. J'intitule l'ensemble *la maladie de porcelaine*. Quelques bols abritent d'autres tessons dans le cabinet des porcelaines pour

Not everything I have made can be seen. I have put, amongst the ledgers and files, porcelain vessels into the oak-cupboards that now house the archives. I have put some gilded pieces of porcelain, wafer-thin, into the velvet-lined drawers in the pantry, where there used to be the silver. Not everything has to be on view. Sometimes it is enough to inhabit a space. And walk away, close a drawer or door, and know that you are marking a place where a family lived.

This is not quietism. I am trying to navigate a space with care, without dogmatism. But it is also a space limned with anger at what happened. And so I put eight stone benches in the courtyard, places to sit and pause, by yourself or with others. They are made from Hornton stone, golden-brown with beautiful dark bands running through them. They are polished smooth so that they feel worn away. A few edges have small gilded lead folds. You may not even notice them. They are my form of *kintsugi*, the manner in which some broken porcelain in China and Japan are repaired with lacquer and gold, a way of marking loss. They are a form of *Stolpersteine*[1], stumbling stones.

You cannot mend this house or this family. You can mark some of the broken places. You can mark them properly and with dignity, with love.

I'm not sure any more what witness means or the function of a memorial. As I write to Moïse de Camondo about his house "What can you do? You make your museum and its alignment slips. It does not fit." This is a place where the alignment of intention has slipped and we find ourselves in a place that is deeply painful. In this house we become spectators of absence who do not belong.

Maybe this is what this brief placing of work in the house means. These are *essais*, a start of a conversation, contingent and digressive. You cannot be completely sure where you will find these small groupings of porcelain vessels. Or if you can find them, or where they will lead you. They are not grand gestures, not monuments. All I am doing is bringing a little dust back into the house, unsettling the perfect arrangements, connecting us back to Moïse de Camondo's imprecations against dust, his impossible bet on the future.

tenir compagnie aux beaux oiseaux du service Buffon. D'autres coupes encore dans l'office du chef où l'on réglait avec vigilance la circulation des objets.

Je réalise cinq vitrines noires garnies de tessons et de plomb. Des fragments pour étayer les ruines. Des stèles pour la famille, pour Nissim, Béatrice, Léon, Fanny et Bertrand. *In memoriam.*

Tout ce que j'ai fait n'est pas visible. J'ai disposé, au milieu des registres et des dossiers, quelques porcelaines dans les placards de chêne qui abritent aujourd'hui les archives. D'autres encore, fines et dorées, dans les tiroirs gainés de velours de l'office où l'on remisait l'argenterie. Il n'est pas indispensable que tout soit visible. Il suffit parfois d'habiter un espace. Et de s'en aller, de fermer un tiroir ou une porte en sachant que vous avez marqué un lieu où vivait une famille.

Ce n'est pas du quiétisme. J'essaie de circonscrire un espace avec prudence, sans dogmes arrêtés. Mais c'est aussi un lieu d'où sourd la colère face à ce qui est arrivé. Dans la cour d'honneur, j'installe donc huit bancs en pierre, pour faire une pause seul ou en compagnie. Ils sont en pierre de Hornton, une pierre brune et dorée traversée de belles veines sombres. Ils sont polis pour imiter la patine du temps. Des feuilles de plomb doré épousent certains des bords. On peut ne pas les remarquer. C'est là ma manière de faire du *kintsugi*, la façon que l'on a en Chine et au Japon de réparer certaines porcelaines brisées avec de la laque et de la feuille d'or, comme pour signer la perte. Ils sont comme des *Stolpersteine*[1], des pierres d'achoppement.

On ne saurait réparer cette demeure ou cette famille. Mais l'on peut indiquer quelques brisures. Les indiquer proprement, dignement, avec affection.

Je ne suis plus très sûr du sens du témoignage ni de ce que peut être la fonction d'un mémorial. Comme je l'écris à Moïse de Camondo au sujet de son hôtel : « Que pouvez-vous faire ? Vous créez un musée mais il s'élève sur une faille. » C'est un lieu où les intentions initiales vacillent, un lieu pénétré de douleur. Dans cet hôtel, nous devenons les spectateurs d'une absence dont nous ne sommes pas.

I think of the Austrian writer Jean Amery's words: "I do not have clarity today, and I hope that I never will. Clarification would amount to disposal, settlement of the case, which can then be placed in the files of history... nothing is resolved, nothing is settled, no remembering has become mere memory." [2]

There was a moment when I felt that this had worked. At the vernissage people disappeared off into the house with the maps we had printed showing where the work was placed.

As I left to walk into the Rue de Monceau, I turned back and all the windows facing into the Cour d'honneur were lit up. There were groups of people scattered through the house and shadows moving and a small child was running between the benches. It felt like a start. It felt enough.

Edmund de Waal

1 In Germany and then elsewhere, on the initiative of the artist Gunter Demnig, engraved brass cobblestones are embedded in the ground as a memorial to victims of Nazi persecution.

2 Jean Améry, *At the Mind's Limits*, London, Granta 1966, p. xi.

Peut-être est-ce ce que signifie cette disposition brève, resserrée de mon travail au sein de la demeure. Ces pièces sont des *essais*, l'amorce d'une conversation, contingente et propice aux digressions. Vous ne pouvez être tout à fait sûrs de l'endroit où vous trouverez ces petits ensembles de porcelaine ; ni même de si vous les trouverez ou de la piste sur laquelle ils vous mèneront. Ce ne sont pas des gestes démonstratifs, ce ne sont pas des monuments. Tout ce que je fais est de remettre un peu de poussière dans cette maison, d'en déranger un peu la parfaite ordonnance, nous ramenant aux imprécations de Moïse contre la poussière, à son impossible pari sur le futur.

Je pense aux mots de l'écrivain autrichien Jean Améry : « Je ne suis pas au clair aujourd'hui, et j'espère ne jamais l'être. La clarification serait synonyme d'affaire classée, de mise au point des faits que l'on peut acter dans les dossiers de l'histoire. [...] Rien n'est résolu, aucun conflit n'est réglé, et remettre en mémoire ne veut pas dire remiser dans la mémoire[2]. »

À un moment, j'ai senti que cela avait pris. Lors du vernissage, les invités disparaissaient dans l'hôtel avec les plans que nous avions imprimés indiquant l'emplacement de mon travail. En partant, avant de franchir le porche et de gagner la rue de Monceau, je me suis retourné et toutes les fenêtres sur la cour d'honneur étaient éclairées. Il y avait des groupes disséminés dans la maison, des ombres qui se mouvaient et un petit enfant qui courait entre les bancs. Comme une amorce. Une amorce qui se suffit.

Edmund de Waal

1 En Allemagne puis ailleurs, à l'initiative de l'artiste Gunter Demnig, pavés encastrés dans le sol en mémoire des victimes du nazisme.

2 Jean Améry dans Ghyslain Lévy, *L'Ivresse du pire*, Paris, Campagne Première, 2010, p. 258.

petrichor, I-VIII
Cour d'honneur Court of honour

petrichor, VIII

a table (for Moïse)
Vestibule Hall

Solid Objects
Salle des gens Servants' dining room

muet, I
Office du chef Chef's office

essais (pour Moïse de Camondo), II
Galerie Gallery

la maladie de porcelaine, I-III
Grand salon Large drawing room

Lettres à Camondo, I
Grand bureau Large study

detours and delays
Petit bureau Small study

last things, III
Cabinet des porcelaines Porcelain room

last things, I, II
Cabinet des porcelaines Porcelain room

muet, V, II
Office de la salle à manger Butlery

muet, IV
Office de la salle à manger Butlery

muet, III
Office de la salle à manger Butlery

Lettres à Camondo (pour C. E.), I-VIII
Bibliothèque Library

Moïse de Camondo
Salon bleu Blue drawing room

4
4

i.m.
Salon bleu Blue drawing room

i.m. (Nissim)
Chambre à coucher de Nissim de Camondo Nissim de Camondo's bedroom

Lettres à Camondo (pour P. G.)
Office de l'argenterie Silverware pantry

muet, VI
Bureau du maître d'hôtel Butler's office

Lettres à Camondo (hold still)
Chambre forte de l'argenterie Strongroom for the silverware

one equal music, III, IV, V, VI
Penderie de Nissim de Camondo Nissim de Camondo's wardrobe

an equal music
Penderie de Nissim de Camondo Nissim de Camondo's wardrobe

one equal music, I

Penderie de Moïse de Camondo Moïse de Camondo's wardrobe

Annexes

Appendices

petrichor [*pétrichor*], *I*, 2021
Pierre de Hornton, or et plomb
50 × 115 × 35 cm

petrichor, I, 2021
Hornton stone, gold and lead
50 × 115 × 35 cm

☞ page 15

petrichor [*pétrichor*], *II*, 2021
Pierre de Hornton, or et plomb
50 × 105 × 35 cm

petrichor, II, 2021
Hornton stone, gold and lead
50 × 105 × 35 cm

☞ page 15

petrichor [*pétrichor*], *III*, 2021
Pierre de Hornton, or et plomb
49,5 × 79 × 35 cm

petrichor, III, 2021
Hornton stone, gold and lead
49.5 × 79 × 35 cm

☞ page 15

petrichor [*pétrichor*], *IV*, 2021
Pierre de Hornton, or et plomb
50 × 80 × 35 cm

petrichor, IV, 2021
Hornton stone, gold and lead
50 × 80 × 35 cm

☞ page 15

petrichor [*pétrichor*], *V*, 2021
Pierre de Hornton, or et plomb
49,5 × 190 × 35 cm

petrichor, V, 2021
Hornton stone, gold and lead
49.5 × 190 × 35 cm

☞ page 15

petrichor [*pétrichor*], *VI*, 2021
Pierre de Hornton, or et plomb
50 × 90 × 35 cm

petrichor, VI, 2021
Hornton stone, gold and lead
50 × 90 × 35 cm

☞ page 15

petrichor [*pétrichor*], *VII*, 2021
Pierre de Hornton, or et plomb
50 × 130 × 35 cm

petrichor, VII, 2021
Hornton stone, gold and lead
50 × 130 × 35 cm

☞ page 15

petrichor [*pétrichor*], *VIII*, 2021
Pierre de Hornton, or et plomb
49,5 × 110 × 35 cm

petrichor, VIII, 2021
Hornton stone, gold and lead
49.5 × 110 × 35 cm

☞ pages 15, 17

Solid Objects [*objets solides*], 2020
Porcelaine, or, marbre, aluminium
et Plexiglas
40 × 18 × 16 cm

Solid Objects, 2020
Porcelain, gold, marble,
aluminium and plexiglass
40 × 18 × 16 cm

☞ page 21

essais (pour Moïse de Camondo), I, 2021
Porcelaine, or, kaolin liquide,
plomb et chêne
47,7 × 13 × 11 cm

essais (pour Moïse de Camondo), I, 2021
Porcelain, gold, liquid china clay,
lead and oak
47.7 × 13 × 11 cm

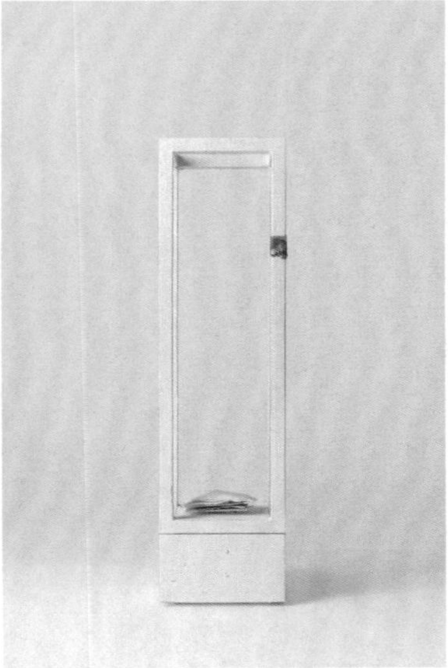

essais (pour Moïse de Camondo), II, 2021
Porcelaine, or, kaolin liquide,
ocre jaune, plomb et chêne
47,7 × 13 × 11 cm

essais (pour Moïse de Camondo), II, 2021
Porcelain, gold, liquid china clay,
yellow ochre, lead and oak
47.7 × 13 × 11 cm

☞ page 25

i.m. (Nissim), 2021
Porcelaine, acier, or, plomb,
aluminium et Plexiglas
52 × 18 × 16 cm

i.m. (Nissim), 2021
Porcelain, steel, gold, lead,
aluminium and plexiglass
52 × 18 × 16 cm

☞ page 44

i.m., 2021
Porcelaine, or, plomb, pigment rouge,
marbre, aluminium et Plexiglas
Dimensions variables

i.m., 2021
Porcelain, gold, lead,
red pigment, marble,
aluminium and plexiglass
Dimensions variable

☞ pages 42, 43

muet, I, 2021
Porcelaine, or, oxyde de fer rouge, pigment rouge, plomb et chêne
68 × 22 × 18 cm

muet, I, 2021
Porcelain, gold, red iron oxide, red pigment, lead and oak
68 × 22 × 18 cm

☞ pages 22, 23

muet, II, 2021
Porcelaine, or, oxyde de fer rouge, pigment rouge, plomb et chêne
67,5 × 22 × 18 cm

muet, II, 2021
Porcelain, gold, red iron oxide, red pigment, lead and oak
67.5 × 22 × 18 cm

☞ page 35, couverture / cover

muet, III, 2021
Porcelaine, or, oxyde de fer rouge, pigment rouge, plomb et chêne
68 × 22 × 18 cm

muet, III, 2021
Porcelain, gold, red iron oxide, red pigment, lead and oak
68 × 22 × 18 cm

☞ page 37, couverture / cover

muet, IV, 2021
Porcelaine, or, pigment rouge, plomb et chêne
68 × 22 × 18 cm

muet, IV, 2021
Porcelain, gold, red pigment, lead and oak
68 × 22 × 18 cm

☞ page 36

muet, V, 2021
Porcelaine, or, pigment rouge, plomb et chêne
68,6 × 22 × 18 cm

muet, V, 2021
Porcelain, gold, red pigment, lead and oak
68.6 × 22 × 18 cm

☞ page 35, couverture / cover

muet, VI, 2021
Porcelaine, or, oxyde de fer rouge, plomb et chêne
68 × 22 × 17,7 cm

muet, VI, 2021
Porcelain, gold, red iron oxide, lead and oak
68 × 22 × 17.7 cm

☞ page 49

Lettres à Camondo (pour C. E.), I, 2021
Porcelaine, or, kaolin liquide et chêne
4,2 × 22 × 17,7 cm

Lettres à Camondo (pour C.E.), I, 2021
Porcelain, gold, liquid china clay and oak
4.2 × 22 × 17.7 cm

☞ page 39

Lettres à Camondo (pour C. E.), II, 2021
Porcelaine, or, kaolin liquide et chêne
3,7 × 22 × 17,7 cm

Lettres à Camondo (pour C.E.), II, 2021
Porcelain, gold, liquid china clay and oak
3.7 × 22 × 17.7 cm

☞ page 39

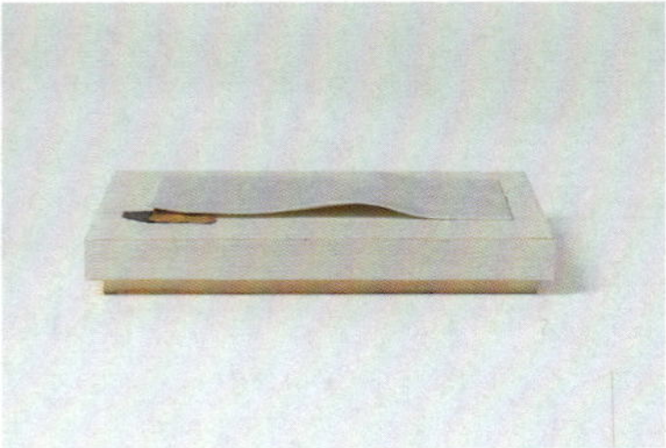

Lettres à Camondo (pour C. E.), III, 2021
Porcelaine, or, kaolin liquide et chêne
3,9 × 22 × 17,7 cm

Lettres à Camondo (pour C.E.), III, 2021
Porcelain, gold, liquid china clay and oak
3.9 × 22 × 17.7 cm

☞ pages 38, 39

Lettres à Camondo (pour C. E.), IV, 2021
Porcelaine, or, kaolin liquide et chêne
4,9 × 22 × 17,7 cm

Lettres à Camondo (pour C.E.), IV, 2021
Porcelain, gold, liquid china clay and oak
4.9 × 22 × 17.7 cm

☞ page 39

Lettres à Camondo (pour C. E.), V, 2021
Porcelaine, or, kaolin liquide et chêne
6 × 22 × 17,7 cm

Lettres à Camondo (pour C.E.), V, 2021
Porcelain, gold, liquid china clay and oak
6 × 22 × 17.7 cm

☞ page 39

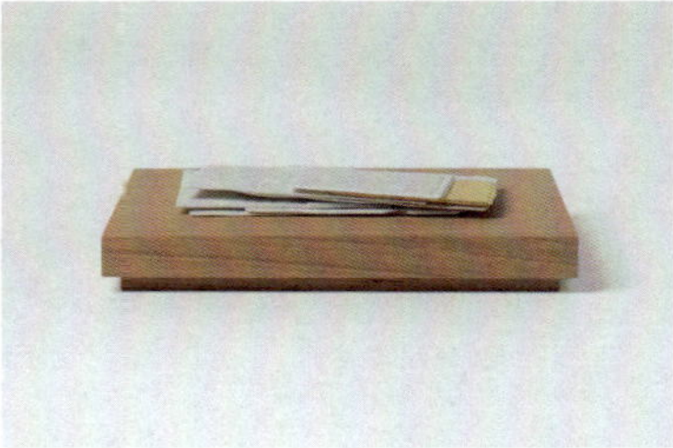

Lettres à Camondo (pour C. E.), VI, 2021
Porcelaine, or, kaolin liquide et chêne
4,3 × 22 × 17,7 cm

Lettres à Camondo (pour C.E.), VI, 2021
Porcelain, gold, liquid china clay and oak
4.3 × 22 × 17.7 cm

☞ page 39

Lettres à Camondo (pour C. E.), VII, 2021
Porcelaine, or, kaolin liquide et chêne
4,8 × 22 × 17,7 cm

Lettres à Camondo (pour C.E.), VII, 2021
Porcelain, gold, liquid china clay and oak
4.8 × 22 × 17.7 cm

☞ pages 38, 39

Lettres à Camondo (pour C. E.), VII

☞ pages 38, 39

Lettres à Camondo (pour C. E.), VIII, 2021
Porcelaine, or, kaolin liquide et chêne
3,3 × 22 × 17,7 cm

Lettres à Camondo (pour C.E.), VIII, 2021
Porcelain, gold, liquid china clay and oak
3.3 × 22 × 17.7 cm

☞ page 39

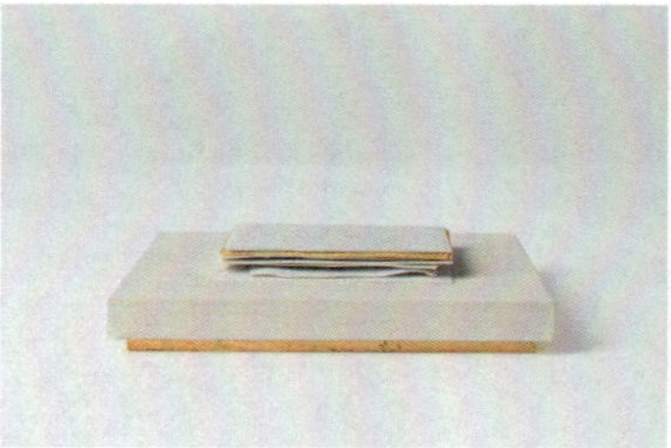

Lettres à Camondo, I, 2021
Porcelaine, or, kaolin liquide, plomb et chêne
5 × 22 × 17,8 cm

Lettres à Camondo, I, 2021
Porcelain, gold, liquid china clay, lead and oak
5 × 22 × 17.8 cm

☞ page 29

Lettres à Camondo (pour P. G.), 2021
Porcelaine, marbre, albâtre et or
19,6 × 41,6 × 20,8 cm

Lettres à Camondo (pour P.G.), 2021
Porcelain, marble, alabaster and gold
19.6 × 41.6 × 20.8 cm

☞ page 47

Moïse de Camondo, 2021
Porcelaine, or, kaolin liquide, acier, plomb et chêne
15 × 17,8 × 14 cm

Moïse de Camondo, 2021
Porcelain, gold, liquid china clay, steel, lead and oak
15 × 17.8 × 14 cm

☞ page 41

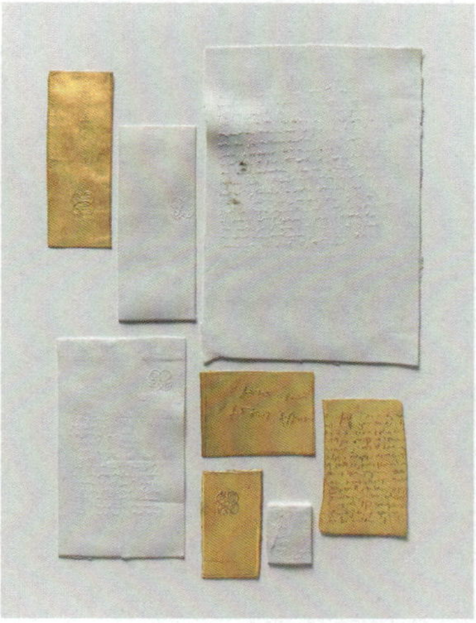

Lettres à Camondo (hold still [tenir bon]), 2021
Porcelaine, or et kaolin liquide
Dimensions variables

Lettres à Camondo (hold still), 2021
Porcelain, gold and liquid china clay
Dimensions variable

☞ pages 50, 51

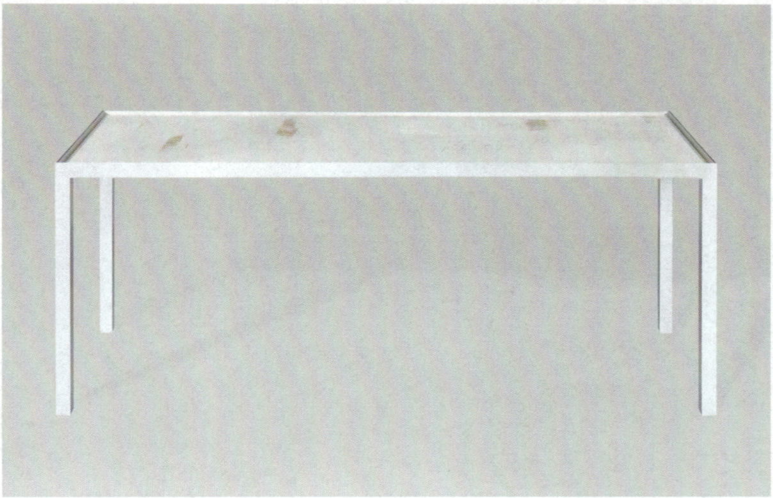

a table (for Moïse) [une table (pour Moïse)], 2021
Kaolin liquide, or, oxyde de fer, graphite, bois, aluminium et verre
85 × 72 × 222 cm

a table (for Moïse), 2021
Liquid china clay, gold, iron oxide, graphite, wood, aluminium and glass
85 × 72 × 222 cm

☞ pages 18, 19

la maladie de porcelaine, I, 2021
Porcelaine et or
3 × 10 × 10 cm

la maladie de porcelaine, I, 2021
Porcelain and gold
3 × 10 × 10 cm

☞ pages 26, 27

la maladie de porcelaine, II, 2021
Porcelaine et or
3 × 10 × 10 cm

la maladie de porcelaine, II, 2021
Porcelain and gold
3 × 10 × 10 cm

☞ page 27

la maladie de porcelaine, III, 2021
Porcelaine et or
3 × 9,5 × 5 cm

la maladie de porcelaine, III, 2021
Porcelain and gold
3 × 9.5 × 5 cm

☞ page 27

last things [*dernières choses*], *I*, 2021
Porcelaine, or et plomb
4,2 × 10,5 cm

last things, I, 2021
Porcelain, gold and lead
4.2 × 10.5 cm

☞ page 33

last things [*dernières choses*], *II*, 2021
Porcelaine, or et plomb
3,7 × 10,6 cm

last things, II, 2021
Porcelain, gold and lead
3.7 × 10.6 cm

☞ page 33

last things [*dernières choses*], *III*, 2021
Porcelaine, or et plomb
6,8 × 15,5 cm

last things, III, 2021
Porcelain, gold and lead
6.8 × 15.5 cm

☞ page 32

last things [*dernières choses*], *IV*, 2021
Porcelaine, or et plomb
7 × 15 cm

last things, IV, 2021
Porcelain, gold and lead
7 × 15 cm

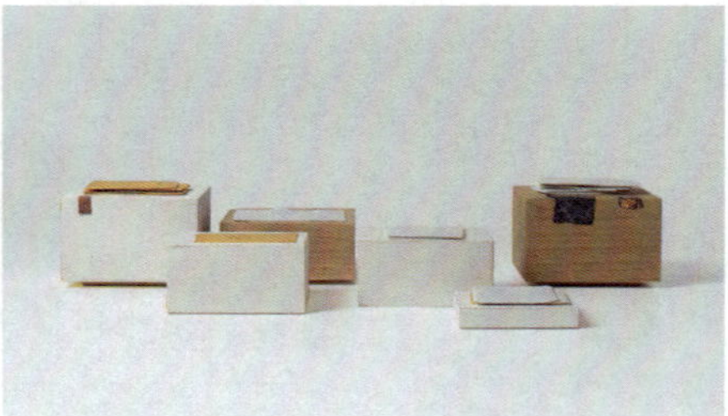

detours and delays [*méandres et retards*], 2021
Porcelaine, or, kaolin liquide, oxyde de fer rouge, pigment rouge, plomb et chêne
Dimensions variables

detours and delays, 2021
Porcelain, gold, liquid china clay, red iron oxide, red pigment, lead and oak
Dimensions variable

☞ page 31

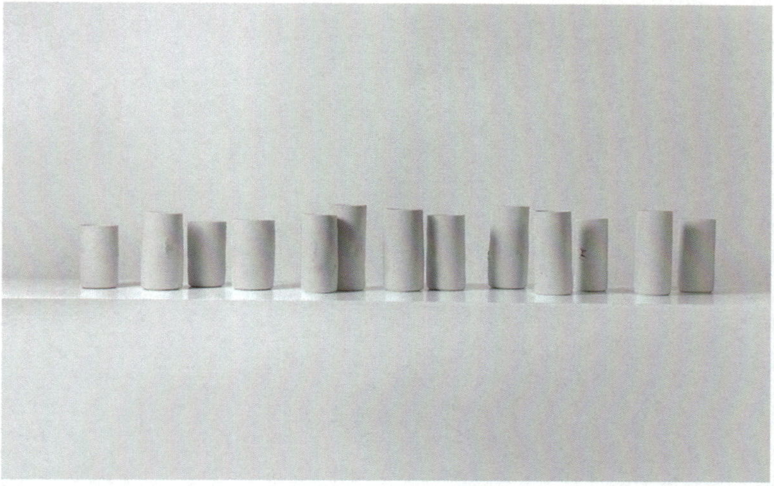

one equal music
[une seule musique], I, 2021
Porcelaine
Dimensions variables

one equal music, I, 2021
Porcelain
Dimensions variable

☞ pages 54, 55

one equal music
[une seule musique], II, 2021
Porcelaine, or, oxyde de fer et plomb
14 × 22 cm

one equal music, II, 2021
Porcelain, gold, iron oxide and lead
14 × 22 cm

one equal music
[une seule musique], III, 2021
Porcelaine, or, oxyde de fer et plomb
19,5 × 22 cm

one equal music, III, 2021
Porcelain, gold, iron oxide and lead
19.5 × 22 cm

☞ page 52

one equal music
[une seule musique], IV, 2021
Porcelaine, or, oxyde de fer et plomb
22 × 21 cm

one equal music, IV, 2021
Porcelain, gold, iron oxide and lead
22 × 21 cm

☞ page 52

one equal music
[une seule musique], V, 2021
Porcelaine, or, oxyde de fer et plomb
18,5 × 25 cm

one equal music, V, 2021
Porcelain, gold, iron oxide and lead
18.5 × 25 cm

☞ page 52

one equal music
[une seule musique], VI, 2021
Porcelaine, or, oxyde de fer et plomb
15,2 × 19 cm

one equal music, VI, 2021
Porcelain, gold, iron oxide and lead
15.2 × 19 cm

☞ page 52

Les Arts Décoratifs

Président
Johannes Huth

Directrice générale
Sylvie Corréard

Directeur du musée
Nissim de Camondo et du musée
des Arts décoratifs
Olivier Gabet

Directeur du développement
international et de la production
Yvon Figueras

Directeur de la communication
Olivier Hassler

Exposition

Commissaire
Olivier Gabet
Avec la collaboration
de *Sylvie Legrand-Rossi*

Cheffes de projet production
et régie
Anaïs David
Sarah Ben Hamida

Catalogue

Responsable du pôle éditions
et images
Chloé Demey

Traduction du texte
d'Edmund de Waal
Lionel Leforestier

Traduction du texte
d'Olivier Gabet
Rebecca Cavanaugh

Relecture des textes
Lorraine Ouvrieu
Penny Iremonger

Conception graphique
Anaïs Lancrenon

Photogravure
Les Artisans du Regard

Studio Edmund de Waal

Melody Clark
Stephanie Forrest
Jemima Johnson
Sun Kim
Chris Riggio
Barry Stedman
Jemima Terry
Claire Tillotson

Edmund de Waal,
Olivier Gabet ainsi que
les équipes des Arts Décoratifs
tiennent à remercier
très chaleureusement
Samia Saouma
et la *Galerie Max Hetzler*
Berlin, Paris, Londres
qui ont rendu possible
cette publication.

Nous remercions également
Sophie d'Aigneaux-Le Tarnec,
Catherine Didelot,
Ghislaine Flageul,
Alex Goacher,
Alzbeta Jaresova,
Corin Johnson
et *Marion Servant.*

Crédits photographiques

© MAD, Paris /
Christophe Dellière,
à l'exception de
Alzbeta Jaresova : p. 58-63
Studio Edmund de Waal : p. 26
Christopher Riggio : p. 62
(*last things, I*)

Cet ouvrage a été composé
en Scala et Supreme.
Il a été achevé d'imprimer
sur Munken Pure 80 g
en mars 2022
sur les presses de *Musumeci*,
à Aoste.

Imprimé en Italie